One, Two, Three
Selected Hay(na)ku Poems

Uno, dos, tres
Selección de Hay(na)kus

Eileen R. Tabios

Spanish Translations by Rebeka Lembo

Paloma Press 2018

Copyright © 2018 Eileen R. Tabios

Spanish Translations © 2018 Rebeka Lembo

Cover Design by C. Sophia Ibardaloza

Layout by Aileen Cassinetto

ISBN 978-1-387-60701-3

Library of Congress Control Number: 2018943545

Cover Image: Thomas Fink, "Hay(na)ku 10" (2005), 36" x 24". Acrylic on canvas. Thomas Fink, whose paintings hang in various collections, is the author of nine books of poetry, most recently *Selected Poems & Poetic Series*, as well as two books of criticism.

ALSO FROM PALOMA PRESS:
Blue by Wesley St. Jo & Remé Grefalda
Manhattan: An Archaeology by Eileen R. Tabios
Anne with an E & Me by Wesley St. Jo
Humors by Joel Chace
My Beauty is an Occupiable Space by Anne Gorrick
    & John Bloomberg-Rissman
peminology by Melinda Luisa de Jesús

PALOMA PRESS
Publishing Poetry+Prose with Panache since 2016
www.palomapress.net

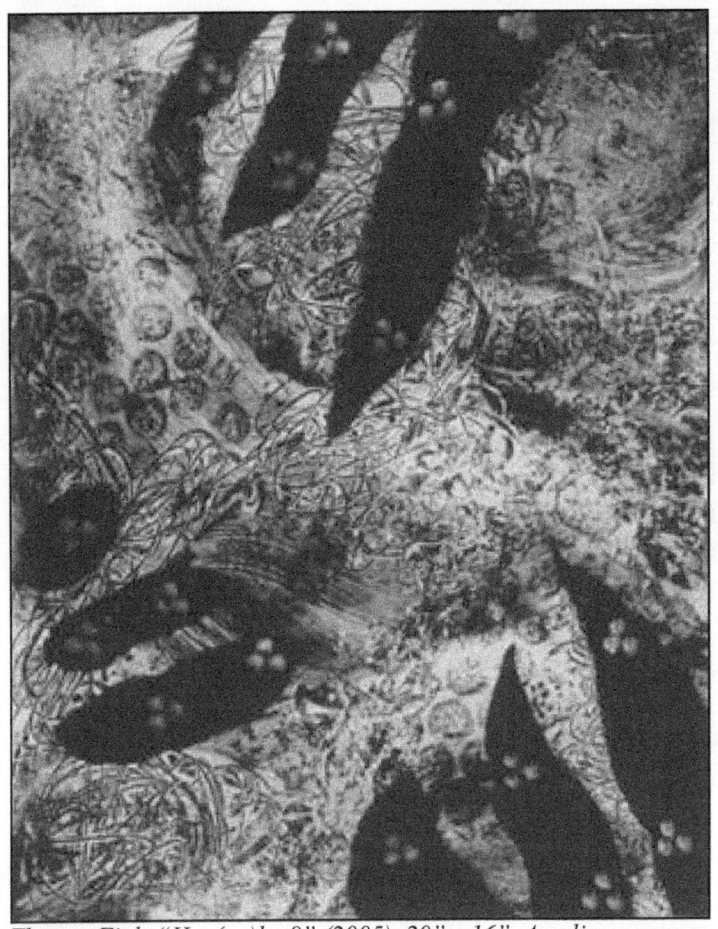

Thomas Fink, "Hay(na)ku 8" (2005), 20" x 16". Acrylic on canvas.

Índice

Presentación del hay(na)ku	6
TIEMPO/SIENTO	8
ACOPLAMIENTO: UN HAY(NA)KU	10
Amamos a anónimo porque ama el mundo	12
Morir hacemos	14
Comienza Maganda	16
Atenea	20
Las inefables setas (Novela corta en verso)	26
En el verde pasto, el olor a blanco	36
Mutaciones post-éxtasis	42
Como si	46
147 millones de huérfanos (Haybun):	
Nota de la autora	52
Haybun MMXII	54
Haybun MMXIII	56
Haybun MMXIV	58
Haybun MMXVII	60
Haybun MMXXVIII	62
Haybun MML	64
Historia del hay(na)ku	68
El poeta invitado Vince Gotera presenta	
un hay(na)ku: Bravura azul	86
Varios poetas sobre el hay(na)ku	92
Sobre la autora	96
Sobre la traductora	97

Contents

Introducing the Hay(na)ku	7
WEATHER/WHETHER	9
COUPLING	11
Loving Anonymous For Loving the World	13
Die We Do	15
Maganda Begins	17
Athena	21
The Ineffability of Mushrooms: A Novella-in-Verse	27
On Green Lawn, the Scent of White	37
Post-Ecstasy Mutations	43
As If	47
147 Million Orphans (A Haybun): Author's Note	53
Haybun MMXII	55
Haybun MMXIII	57
Haybun MMXIV	59
Haybun MMXVII	61
Haybun MMXXVIII	63
Haybun MML	65
The History of the Hay(na)ku	69
Guest Poet Vince Gotera: Blue Bravura	87
Various Poets on the Hay(na)ku	93
About the Author	96
About the Translator	97

Presentación del hay(na)ku

El hay(na)ku es una forma poética basada en el terceto e inventada por Eileen R. Tabios y nombrada por el poeta filipino-americano Vince Gotera. El terceto básico se compone de una palabra en la primera línea, dos en la segunda, y tres en la tercera. La longitud de las palabras es a elección del poeta.

La secuencia 1, 2, 3 en el hay(na)ku tiene relación con la rima de una canción de cuna filipina: "isa, dalawa, tatlo, ang Tatay mo'y kaibo" y se traduce en español como "uno dos tres: tu padre es calvo".

Pese a estar definida por la forma del terceto, el hay(na)ku está abierto a variaciones. A partir de su surgimiento en el 2003, poetas alrededor del mundo han creado sus propias versiones y se incluyen en este libro:

—"hay(na)ku reverso" en el que la secuencia del terceto es 3, 2, 1 en lugar de 1, 2, 3;
—"secuencia de hay(na)kus encadenados" en la que el poema contiene más de un terceto;
—"haybun" en el que el poema contiene tanto tercetos como prosa;
—"hay(na)ku cola de pato" en el que un terceto o una secuencia de tercetos se finaliza con una estrofa de una sola línea y es tan larga como lo deseé el poeta.

Otras variantes de la forma se mencionan en el ensayo "La historia del hay(na)ku" que sigue a los poemas aquí impresos.

Espero esta selección inspire a los lectores a probar suerte con el hay(na)ku.

—*Eileen R. Tabios*

Introducing the Hay(na)ku

The "hay(na)ku" is a tercet-based poetic form invented by Eileen R. Tabios and named by Filipino-American poet Vince Gotera. The basic tercet presents the first line as one word, the second line as two words, and the third line as three words. The words can be as long or short as desired by the poet.

The "1, 2, 3" aspect of the form relates to a Filipino nursery rhyme: *isa, dalawa, tatlo, ang tatay mo'y kalbo*. The rhyme translates into English as "one two three, your dad is bald."

Notwithstanding its defined tercet form, the hay(na)ku is open to variations. Since the form was publicly announced in 2003, poets from around the world have created variations, some of which are represented in this book:

—"reverse hay(na)ku" whereby the word count for the tercet is 3, 2, 1 instead of 1, 2, 3;
—"chained hay(na)ku sequence" whereby the poem is comprised of more than one tercet;
—"haybun" whereby the poem contains both tercet and prose; and
—"ducktail hay(na)ku" whereby a tercet or sequence of tercets is/are ended with a last stanza being a single line that can be as long as desired by the poet.

Other variants are noted in the essay "The History of the Hay(na)ku" which follows the poems.

I hope this collection encourages readers to try their hand at the hay(na)ku!

—Eileen R. Tabios

TIEMPO/SIENTO

... cielo
azul celeste—
estoy yo respirando

WEATHER / WHETHER

… blueness
of sky—
I am breathing

ACOPLAMIENTO: UN HAY(NA)KU

Cómo escribir un poema

Tú,
es real.
Yo, empieza ahí.

Cómo leer un poema

Yo,
es falso.
Tú, empieza ahí.

COUPLING

How To Write A Poem

You
are real.
I start there.

How To Read A Poem

I
am real.
You start there.

Amamos a anónimo porque ama el mundo

Olvidar
tu nombre
me da entereza

para
defenderme así
del amor muerto

Loving Anonymous For Loving the World

To
forget your
name leaves me

whole
to defend
against love's death

Morir hacemos

Morir:
lo hacemos
tanto como vivir.

Entonces,
nosotros escribimos:
corregimos aquello que

vivimos
cuando, así,
nosotros lo escribimos.

Die We Do

Die
we do
as much as

we live. Then
we write:
right

what
we lived
when we write.

Comienza Maganda

> *"Maganda" no sólo significa "belleza" en tagalog.
> "Maganda" es también la primera mujer en un mito de la creación filipino.*

Amor mío: Si
hay palabras
que

lleguen al mundo
que sufres—
escucha:

tengo algo que
decirte a
ti.

Bajo el amortecido
final de
otro

año, merodeo las
calles sombrías,
te

sostengo—en mi
cabeza, ¡esta
violencia!—

una mirada violenta.
Tú. Con
crepúsculo

viene la lluvia
soslayando como
memoria

Maganda Begins

> *"Maganda" is not just a Tagalog word that means
>   "beautiful."*
> *"Maganda" is also the name of the first woman in a Filipino
>   creation myth.*

My love. If
words can
reach

whatever world you
suffer in—
Listen:

I have things
to tell
you.

At this muffled
end to
another

year, I prowl
somber streets
holding

you—in my
head, this
violence!—

a violent gaze.
You. With
dusk

prematura. ¿Acaso soy
yo quien
ha

despejado estas calles
súbitamente? *Amor
mío*,

todas nuestras horas
son horas
límites—

lo que ofrezco
es este
moribundo

pescado en cuya
garganta yo
he

insertado mi pulgar.
¿Por qué
perdiste

todas las aleluyas?
Amor mío—
Escucha:

arrives rain drifting
aslant like
premature

memory. Am I
the one
who

suddenly cleared these
streets? *My
Love*,

all our hours
are curfew
hours—

what I offer
is this
dying

fish into whose
gullet I
have

thrust my thumb.
Why did
you

lose all Alleluias?
My love—
Listen:

Atenea

Cambia lo que
es necesario.
Escúchame

escuchando en otra
década, editando
líneas

finales y primeras.
Un interprete
diferente

canta suavemente detrás
del hablante
imperturbable.

Escucho y tacho
más líneas.
El

poema no puede
ser puro.
El

sonido nunca impedido
por mariposas
anónimas.

Al ser escrito
congela su
vuelo—

Athena

What's deemed necessary
changes. Hear
me

listening in another
decade, editing
last

and first lines.
A different
Singer

croons from behind
an impassive
speaker.

I listen, cross
out more
lines.

The poem cannot
be pure.
Sound

never travels unimpeded
by anonymous
butterflies.

Writing it down
merely freezes
flight—

Traducción: una inevitable
caída. Toma
control

disparándole como si
las palomas
fuesen

de barro. Ésta
lo es.
Pero

me proporcionó placer
antes; era
"necesaria."

Una vez voló
con alas
reales.

Oh, paloma arcillada.
Traducción: el
error

de mi oído.
El cielo
rasgado

repentinamente—vi pero
no escuché
hojas

que caían en
la versión
previa.

Translation: an inevitable
fall. Take
control

by shooting it
as if
pigeons

were clay: This
one is.
But

it provided pleasure
once, was
"necessary."

Once, it flew
with non-imaginary
wings.

O, clay pigeon.
Translation: the
error

is my ear's.
The sky
ruptured

suddenly—I saw
but did
not

hear the precursor
fall of
leaves.

***

Hay que depurar.
Hay que
depurar.

Reina el silencio
ninguna dama
espera.

Hay que depurar.
Que enmendar.
Hay

que depurar. Que
enmendar. Enmendar.
Enmendar.

***

Edit it down.
Edit it
down.

Silence is Queen,
not lady
-in-waiting.

Edit it down.
Edit it.
Edit

it down. Edit
it. Edit.
Edit.

Las inefables setas
(Novela corta en verso)

1)
El porcini surge
en circunstancias
adecuadas:

luego que lluvia
intensa permea
terrenos—

la deseada combinación
tiernamente denominada
"humo".

2)
F___ nos ha
dado una
canasta

de tejido suelto
para que
deje

salir el rastro
de las
setas

y fertilicen así
terrenos mientras
continuamos

The Ineffability of Mushrooms
(A Novella-in-Verse)

1)
The porcini appeared
under right
conditions:

after heavy rain
soaked warm
earth—

this desired combination
lovingly labeled
"smoke."

2)
F____ gave us
a wicker
basket

of loose weave
so that
after

mushrooms were collected
spoor could
escape

to fertilize earth
as we
continued

la recolección. "Da
siempre a
aquellos

que dan obsequios
primera y
generosamente."

3)
Nunca hemos encontrado
grandes cantidades
como

aquellas alardeadas por
los tantos
recolectores.

Pero él recordome
que los
italianos

inventaron las historias
sobre setas
como

los ingleses inventaron
sobre pescadores
pescando.

4)
Al recolectar trufas
los italianos
prefieren

to harvest. "Give
always to
those

who offer gifts
first and
generously."

3)
We never found
huge quantities
like

those claimed by
many mushroom
hunters.

But he reminded:
Italians invent
mushroom

stories like British
fishermen do
fishing.

4)
For hunting truffles,
Italians prefer
dogs

over pigs who
are so
greedy

perros, no cerdos
pues son
golosos

y son casi
imposibles de
controlar

al haber olfateado
una trufa.
Llevando

al perro al
lugar deseado
el

recolector lo estimula
a buscar
emitiendo

llamados—*"Dai! Dai!
Cerca!"*—como
los

de un *cacciatore*
persiguiendo aves.
Las

trufas blancas pueden
crecer 15
pulgadas.

Cuando el perro
comienza a
rascar

they are almost
impossible to
control

once they've scented
a truffle.
Taking

his dog to
a likely
spot

the hunter spurs
him on
with

cries—*Dai! Dai!
Cerca!*—like
those

of a *cacciatore*
after gamebirds.
White

truffles can grow
down 15
inches.

When the dog
begins scratching
his

handler immediately pulls
him away
otherwise

su adiestrador lo
jala, si
no

sus ansiosas patas
pueden causar
daño

a las setas.
Lo sublime
raramente

permite tomar atajos.
El adiestrador
mismo

debe ponerse en
cuatro patas,
olfatear

para hallar la
esencia del
mosto—

irremplazable al momento
de cavar
cuidadosamente—

tan, tan, cuida-do-sa-mente…

5)
Vimos a F_____
cortar setas
delicadamente

his eager paws
will wreak
havoc

upon the mushrooms.
The Sublime
rarely

allows shortcuts.
The handler
himself

must get down
on all
fours

to sniff for
scents of
must—

he is irreplaceable
when digging
carefully—

so very care-full-y…

5)
We watched F____
slice mushrooms
delicately

then spread thin
segments on
wood

para luego poner
delgados trozos
sobre

maderos a secar
bajo el
sol.

Posteriormente son depositados
en muselina
o

bolsas de percal
en la
cocina.

Tiempo después, en
Londres, he
recibido

cada otoño una
preciada bolsa
de

setas disecadas y
los recuerdos
empiezan

a rondarme como
humo. La
última

llegó en 1939,
después del
estallido

de guerra.

planks to dry
under the
sun.

Afterwards, they were
stored in
muslin

or calico bags
near the
kitchen

fireplace. Later in
London, I
received

each Autumn one
precious, single
bag

of dried mushrooms
and memories
then

lingering like smoke.
The last
arrived

in 1939, shortly
after the
outbreak

of war.

En el verde pasto, el olor a blanco

No hay promesas
al combatir...
plomo

caliente amordaza velocidad
=1000 pies/segundo
¿La

mierda proverbial? Destinada
a ocurrir...
Rara

constante: tumbas blancas
marmoleadas... Desde
lejos

ojos imaginan magnolias
sobre pasto...
Pero

él enfrenta a
la madre
agazapada

sobre el féretro...
"Le hice
prometer

que viviría..." No
consuelan las
medallas

On Green Lawn, the Scent of White

No promises exist
in combat…
Hot

lead muzzle velocity
= 1,000 feet/second…
Proverbial

bad shit? Bound
to happen…
Rare

constant: white marble
tombstones… From
afar

eyes imagine magnolias
against grass…
But

he faces warrior's
mother over
closed

casket… "I made
him promise
to

stay alive"… Medals
fail to
console…

"La guerra dificulta
las promesas."
Ofrece

la bandera doblada,
no ondea...
"General,

¿se encuentra bien?
Usted sobrevivió..."
La

imposible verdad: sólo
el soldado
muerto

es bueno. Le
llega la
esencia

del pasado con
sus blancos
retoños...

Solía ser él
un niño
jugando

en el jardín
materno... Envejecen
generales

al adquirir conocimiento.
Calladamente le
implora

"War makes promises
difficult." He
offers

flag folded, not
waving…
 "General,

are you good?
You survived…"
Truth

is impossible: *Only
the dead
soldier*

is good. He
catches scent
of

the past with
its white
blossoms…

Once, he was
a boy,
playing

in his mother's
garden… Generals
age

from their knowledge.
Silently, he
begs

la madre doliente…
No me
dejes

decirlo: las flores
deben ser
aplastadas

para perfume…

the grieving mother…
Don't let
me

explain: flowers
must be
crushed

for perfume…

Mutaciones post-éxtasis

Existir:
Entonces, regatear—
Amar requiere regateo—

Siempre
excava la
verdad, mesas de

caoba
no comprenden
pese longitudes reales—

Búsqueda
definida como
verter cerezas dentro

del
recipiente azul
hasta perder el

cielo
en desbordado
rojo lunar—Huesos

ahora
vacíos— ¿Arrebatado
objetivo? Auras estratificadas

en putrefacción—Senos
suspendidos en
vírgenes

Post-Ecstasy Mutations

Exist:
Thus, barter—
Love requires haggling—

Truth
forever excavates—
Mahogany dining tables

fail
to include
despite royal lengths—

Search
defined as
tipping Bing cherries

into
blue bowl
until sky loses

itself
within crimson
moon's overflow—Bones

become
hollow—Entrancement's
target? Layered auras

of decay—Breasts
suspended on
immobilized

inmóviles—descubren la
futilidad de
océanos

calmos—Ninguna damisela
aprecia la
delicadeza

lunar—Falla de
postura ante
acantilados

devastados, estoicos, por
agua tundidos—
O

cuerpo
camuflado de
nostálgico árbol navideño—

Mira:
la arrocera
coquetea con la

tapa
con dificultad—
Querido, canta a

falta
de canción—
Empieza (condición precedente):

ahógate con aire—

Virgin Marys—discover
futility of
calm

seas—No long-haired
maiden appreciating
delicadeza

moonlight—Lapse to
stance of
ravaged

cliffs stoic against
pounding water—
Or

camouflage
body into
nostalgia's Christmas tree—

Look
there: rice
cooker flirts through

lid
gasping from
heat—Darling, sing

lack
of song—
Begin (condition precedent):

drown in air—

Como si

Hubo en un
instante un
poema

que escribí mientras
manejaba el
carro.

Mi ego no
me permitió
que

me orillara para
poder así
escribirlo.

"Si un poema
es tan
poderoso,

ya regresará." Me
he antes
jactado,

por largo tiempo,
antes otros
poetas;

como si yo
tuviese cierto
conocimiento

As If

There was un
momento, a
poem

I wrote while
driving the
car.

My ego would
not let
me

pull over to
jot it
down.

"If a poem
is so
powerful

it will return,"
I have
boasted

for a long
time to
other

poets, as if
I possessed
some

que estos poetas
no poseen
aún.

Siento como si
años hubiesen
pasado,

el poema aún
no ha
vuelto.

Lo que recuerdo
es que
se

relacionaba con lo
oportuno y
el

flamenco.

knowledge they did
not already
possess.

It feels like
years and
yet

that poem has
not yet
returned.

What I recall
is that,
somehow,

it related to
perfect timing
y

flamenco.

147 Million Orphans (A Haybun)

147 millones de huérfanos (Haybun)

147 millones de huérfanos (Haybun): Nota de la autora

147 millones de huérfanos (Gradient Books, Finlandia, 2014), de Eileen R. Tabios, es el primer libro de una colección de haybuns. El "haybun" es una combinación del terceto del hay(na)ku y prosa. "147 millones" se refiere a la cantidad de huérfanos que se calcula hay alrededor del mundo.

Los haybuns en este libro están compuestos por una selección tomada del libro *147 milllones de huérfanos*. En éstos, el terceto del hay(na)ku dio impulso a la prosa que les sigue. Cada palabra que forma los tercetos en los hay(na)kus fue tomada de un proyecto escolar de Michael, hijo de Eileen R. Tabios. En octavo grado Michael aprendió inglés aprendiendo 25 palabras nuevas cada semana— ejercicio que dio origen a una lista de aproximadamente 900 palabras. La lista de palabras de Michael proveyó así el material para los tercetos con los que comienzan los haybuns y fueron usadas con su permiso.

147 Million Orphans (A Haybun): Author's Note

Eileen R. Tabios' *147 MILLION ORPHANS (MMXI-MML)* is the first book-length haybun poetry collection (released by gradient books, Finland, 2014). A "haybun" is a combination of the hay(na)ku tercet and prose. "147 million" refers to a common estimate of orphans worldwide.

The haybun in this book are selected from *147 MILLION ORPHANS*. For these haybun, the hay(na)ku tercet served as impetus to the subsequent prose. Each word forming the hay(na)ku tercets is taken from a school project by Eileen R. Tabios' son, Michael. In his 8th grade, Michael learned English partly by learning 25 new words a week—an exercise that generated a list of about 900 words. With his permission, Michael's list provide the words to the tercets that begin the haybuns.

de *147 millones de huérfanos*
Haybun MMXII

zopenco
fin-de-semana día-de-la-semana
reencontrarse recipiente desobediente

A fin de aprender este nuevo lenguaje, al que iba a adoptarlo fueron encomendadas 25 palabras para aprender cada semana del año escolar. Cada nueva palabra chorreaba del grafito líquido en la punta de un cuchillo. "Fin-de-semana, día-de-la-semana"—términos tan comunes, tan comunes. Para el que adoptaba al lenguaje estas palabras fueron, inicialmente, como color grava y más grava. La revelación requirió esfuerzo y disfrazó, quizá demasiado bien, sus recompensas—comprender el significado del sol opuesto a la luna representó el golpe de la hebilla de latón del cinturón que se rehúsa a permanecer oculto en la memoria. En un orfanato el tiempo sólo importa si se vislumbra un futuro. ~~Reconocer esto sólo importa si el deseo trasciende el egoísmo—algo casi imposible entre aquellos que nada poseen, ni sus destinos.~~ Para un huérfano, el punto de vista de un perro es más que suficiente: el presente es lo único que importa, sobre todo si carece del puño, del plato vacío, un juguete hecho con la tapa de la botella del matarratas, el callejón como recamara. O así lo creían los del orfanato.

Cuando el niño cuyo intelecto empequeñece su cuerpo empezó a arrojar rocas por las sombrías ventanas del orfanato, no definía "zopenco". Si un recipiente contiene orificios ocultos en su base, ¿cómo contener, abrazar, estrechar... todo lo que fluye como los líquidos o las emociones o como la identidad de la degradación de la palabra "consecuencia" y comprender así "castigo"? ¿Cómo confiar que el paso del tiempo ofrezca la posibilidad de posibilidades? La adopción comienza como una progresión que no diluye el dolor que se siente con cada palabra nueva, ganada cortando el cuerpo como si se viviese bajo la máxima de un mal poema: sentir lastima. ¿Cómo confiar en que una metáfora necesita no ser mentira? Qué nudo—el interior de un puño. ¡Esta aula de espacio negativo!

from "147 Million Orphans"
Haybun MMXII

knucklehead
weekend weekday
reacquaint vessel insubordinate

To learn his new language, the adoptee was charged with learning 25 English words a week during the schoolyear. Each new word spilled from the wet graphite tip of a knife. "Weekend, weekday"—such common terms, such common concepts. To the adoptee, the two words at first were a sifting of gravel for more gravel. Revelation was hard-fought, only to camouflage its rewards too well—comprehending the significance of sun versus moon was another blow from a belt's brass buckle that refused to remain a lost memory. In an orphanage, time is relevant only if a future is acknowledged. ~~For such acknowledgement, desire must come to transcend selfishness—almost impossible among those owning nothing, especially their fate.~~ For an orphan, the dog's point of view suffices: the present is all that matters, especially when it lacks the fist, the empty plate, a rotgut bottle's cap as toy, the alley as bedroom. Or so the orphanage staff believed—

when the boy whose intellect dwarfed his body started hurling rocks through the dim windows of the orphanage, he was not defining "knucklehead." If a vessel with its hidden hole loses its base, how to *contain, hold, embrace …* anything in flux like liquids or emotions or identity or the degradation of the word "consequence" into "punishment"? How to trust in the passage of time to offer the possibility of possibilities? That adoption commences a progression will not dilute the pain of how each new word must be gained through bodily cutting as if to live a bad poem's dictum: to feel is to *hurt*. How to trust that a metaphor need not be a lie? What a knothole—this interior of a fist! This classroom of negative space…!

de *147 millones de huérfanos*
Haybun MMXIII

televisión
proyección profundo
profético melancólico evasivo

Si fueses un pájaro durmiendo en Madagascar, una especie de polilla bebería tus lagrimas a través de una aterradora trompa en forma de arpón. Insertarían sus adminículos tras tus párpados. Beberían ávidamente. Fuiste una presencia cautiva al conocer a esta especie a través de la granulosa pantalla usada para monitorear miles de huérfanos. Al oscurecerse la televisión no requirió gran genio para explicar tu profética conclusión: vas a intentar evadir demasiado en esta vida, fallarás, *no hay otra vida*. ~~Tú, tristemente, preferirás la seda, quizá el poliéster, doppelgängers de las rosas que de otra forma se marchitarían.~~ Tu entendimiento siempre emanará del brillo en el pavimento humedecido por la lluvia. Uno puede, por ejemplo, llorar sin la ayuda de pesadillas; que uno pueda llorar en el más seguro de los refugios, o en los más pequeños que, aún y de hecho, dejan cicatrices en nuestro mortal planeta.

from "147 Million Orphans"
Haybun MMXIII

television
screening insightful
prescient melancholy evasive

If you were a sleeping bird in Madagascar, a certain species of moth might drink your tears through a fearsome proboscis shaped like a harpoon. They'd insert their tools beneath your eyelids. They would drink *avidly*. You were a rapt presence as you met this species through the grainy television screen used to babysit hundreds of orphans. After the television darkened, no genius would be required to explain your prescient conclusion: you will attempt to evade too much in this life, you will fail, *there is no other life*. ~~You, sadly, will come to prefer silk, even polyester, doppelgangers to roses that otherwise would shrivel.~~ Your insights will always arise from the sheen of rain-drenched pavements. For example, that one can weep without the aid of nightmares—that one can weep in the most safe haven, or even the small heavens that still and do manage to pockmark our mortal planet.

de *147 millones de huérfanos*
Haybun MMXIV

regurgitar
hornear jerga
lacónico nefario delicado

Estaba agradecida aún cuando la pareja de celebridades editó el único regalo que podía haber dado a su criatura: su nombre. En la obscuridad se reveló un olor a cobre y tierra; al empeorar formó un hombre. La obscuridad reveló una daga. La obscuridad reveló una mano cubriendo su boca con cinta mientras su cuerpo era invadido como si contuviese misiles. La obscuridad desapareció y reveló Awasa, un pueblo en sur de Etiopía, aparentemente como solía ser antes de la noche que empezó y terminó en la historia de alguien más. Nombró a la consecuencia "Yemsrach"; nombró a la consecuencia como si el infante fuese deseado. Nombró al bebé "buenas noticias". Se convirtió en un regalo rebautizado "Sahara". Su nombre es Mentwabe Dawit; besará en los tabloides las fotos de Angelina Jolie. Su cría, que lleva el nombre de dos historias distintas, ya no está desnutrida. Su cría ya no muere. Su cría vive proactivamente, las carcajadas no le son ajenas. Su nombre es Mentwabe Dawit; hija de otra mujer que desafió la cultura donde la violación es tabú para todos los participantes. Ciertos detalles deben ser nombrados a fin de ser arrancados del silencio que se ha camuflado como antecedentes en la historia de alguien más. ¿Cuál es el nombre de la madre que continuó amando a su hija luego de la violación? ~~La madre que le aconsejó seguir viviendo pese al mundo que les había sido heredado y no elegido,~~ ¿cuál es su nombre? (Algún día, Sahara querrá saber.) La madre que no permitiría que el cuerpo de Mentwabe Dawit se convirtiera en guerra civil—¡cuál es su nombre!

from "147 Million Orphans"
Haybun MMXIV

regurgitate
bake jargon
laconic nefarious dainty

She remained grateful, even when the celebrity couple edited the only gift she could give her child: a name. The darkness revealed a stench of copper and dirt—it worsened to form a man. The darkness revealed a dagger. The darkness revealed a hand duct-taping her lips as her body was invaded as if it contained missiles. The darkness lifted to reveal Awasa, a town in southern Ethiopia, seemingly as it was before a night began and ended into someone else's story. She named the consequence, "Yemsrach"—she named the consequence as if the infant was always intended. She named the baby "Good News." She became the gift renamed "Zahara." Her name is Mentwabe Dawit—she will kiss tabloid pictures of Angelina Jolie. Her child who bears the names of two different stories is no longer malnourished. Her child has ceased dying. Her child is now *proactively* living, with laughter no stranger. Her name is Mentwabe Dawit—the daughter of another woman who defied their culture where rape is taboo for *all* participants. Certain details must be named to be plucked out of the silence camouflaged as background to someone else's story. What is the name of the mother who continued to love her daughter after a rape? ~~The mother who counseled her daughter to continue living despite the world they inherited versus chose~~—what is her name? (Someday, Zahara will want to know.) The mother who would not let Mentwabe Dawit's body become a civil war—what is her name!

de *147 millones de huérfanos*
Haybun MMXVII

dotado
fe catapultado
perplejo mimar consentir

A la que nunca había sido consentida se le informó que sería adoptada y respondió vociferando: *¡Muchas gracias!* Como madres odiamos escuchar esta historia; ningún niño debería aprender a estar agradecido por el efecto que causa la perdida. Esto es sólo un ejemplo de cómo la perplejidad puede llegar a ser la reacción más apropiada. Su nueva madre le dijo que la familia la llevaría de vacaciones. Ella pidió una cámara; quizá lo que sucede será real para ella, poco a poco, sólo cuando sea confirmado por fotografías, objetos que puede tocar y recuperar. A una temprana edad ha aprendido que la memoria es frágil y sucumbe frecuentemente ante el deseo. Dado que mi fe no me traiciona, la veo fácilmente en el ojo de mi mente: caminando traviesamente en lo que podría ser el set de una película hollywoodense con arena beige agua azul montaña verde un bosquecillo de palmeras, volteando a ver a su nueva mamá frecuentemente para sonreírle, caminando cuidadosamente de puntitas alrededor de las delicadas criaturas marinas que cubren la arena al haber sido puestas ahí por el océano que se ha calmado al ser testigo de su ansiosa alegría, volteando a verme frecuentemente. Como le digo, *Ten cuidado. Diviértete. Sí, todo es agradable.*

from **"147 Million Orphans"**
Haybun MMXVII

endowed
faith catapulted
perplexed coddle pamper

The one who has never been coddled was informed she would be adopted and she cried out in response, *THANK YOU SO MUCH!* We mothers hate hearing this story—no child should learn to be grateful for an effect of loss. Yes, we can understand why she is grateful. But no child should learn to be grateful for an effect of loss. This is but one example of how perplexity can be the most appropriate reaction. Her new mother told her the family would take her on a vacation. She asked for a camera—perhaps what can unfold will become real for her only when affirmed by photographs, objects she can touch and recover. She's learned at too young an age that memory is fragile and lapses too often to desire. Because my faith has not yet betrayed, I see her easily in my mind's eye: frolicking on what could be a Hollywood movie set of beige sand blue water green mountain a grove of palm trees, looking back frequently at her new Mom to grin, carefully tip-toeing around the delicate sea creatures laid on sand by an ocean calmed from witnessing her eager joy, looking back frequently at me. As I call out, *Be careful. Have fun. Yes, it's all lovely.*

de *147 millones de huérfanos*
Haybun MMXXVIII

gemido
violación pronta
sacerdote setos interceder

La religión puede ser juzgada fácilmente. ¿Fue violado un continente? ¿Puede una montaña gemir ante lo que ha presenciado desde arriba? ¿Me ha golpeado un padre? Ante estas preguntas, ¿acaso un sacerdote ha dado evasivas... *prontamente*? Sólo un poeta puede hablar por mí y *eso*, también, es una tragedia. Observas mi cuerpo y, por tanto, desvías la mirada; tal como uno hace con cosas como las cicatrices. La frase "culpa del sobreviviente" es un oxímoron. ¿Quién realmente sobrevive a la experiencia? Mi extremidad faltante no me fue necesaria para sentir el golpe, el corte, incluso la intensidad del odio inexplicable.

Todos los puntos deben ser intensamente trabajados con el huérfano (si no pregunta a padres adoptivos) y en el caso de aquellos superdotados debe ser aún más difícil; mi primo Greg, doctor en educación, dice que una crianza estricta no funciona en niños superdotados pues deben tener la libertad de aprender el mundo en sus propios términos. Los expertos en adopción aconsejan siempre a los padres adoptivos que provean una estricta guía a aquellos niños recién adoptados, sobre todo si vienen de orfanatos.

Si no fue mi elección haber nacido, ¿de quién fue? El sacerdote, sin duda, debe haber respondido, ¡prontamente!, "Dios". Que haya dado evasivas aumenta el sufrimiento. ~~¿Ya he mencionado los muros que se levantan en el futuro frente a mis insolentes deseos?~~ No se requiere demasiada inteligencia para saber que el humano es animal mas no al revés. A menos que un vicio haya sido cometido.

from "147 Million Orphans"
Haybun MMXXVIII

moan
rape speedy
priest hedges behalf

Religion can be easy to judge. Was a continent raped? Did a mountain moan at what was witnessed from above? Did a father punch me? To such questions, did a priest hedge … *speedily*? Only a poet can speak on my behalf and *that*, too, is a tragedy. You look at my body, therefore, you hedge your vision—one normally does that with elements like scars. The phrase "survivor's guilt" is an oxymoron. Who truly survives experience? My missing limb was not necessary for me to have felt the blow, the cut, even the intensity of inexplicable hatred.

All points must be belabored to the orphan (just ask the adoptive parents) and the gifted among them must only add to their burden—my cousin Greg, Ph.D. in education, says strict parenting cannot work with most gifted children who must have freedom to learn the world on their own terms. Adoption experts always counsel adoptive parents to provide strict guidance to newly-adopted children, especially those coming from orphanages.

If it was not my choice to be birthed, whose was it? The priest, indeed, should have replied—speedily!—"God." That he hedged only adds to sorrow. ~~Have I already mentioned the rising walls in the future against the cheeky rises of my desires?~~ One need not be gifted to know that human is animal but not vice versa. Unless a vice was first committed.

de *147 millones de huérfanos*
Haybun MML

amplio
encoger afable
equivocado desalentado abatimiento

Reacción de "lucha o huida": El sentimiento más común que experimentan los boxeadores antes de una pelea; es el cerebro diciéndote que huyas para sobrevivir o que te quedes y pelees. Preferiría que no enfrentaras el miedo ya que sobrevivir es su principal objetivo y es más factible que así suceda si no te quedas ahí. La adrenalina se libera en el torrente sanguíneo a fin de prepararte para la acción (te hace más fuerte). ~~Te sentirás en ocasiones enfermo y sentirás ganas de ir al baño. Te dará escalofrío y a veces tartamudearas. Otro nombre que esto recibe es MIEDO.~~

"Eustress": Un tipo de stress que tiene un efecto positivo. El boxeador buscará situaciones estresantes y prosperará gracias a los sentimientos asociados a éstas; tendrán que "luchar o huir" mas los boxeadores usan esto a su conveniencia.

delgado
expandir enojado
dirigido contento gozoso

from "147 Million Orphans"
Haybun MML

wide
shrink affable
amiss despondent dejection

"Fight or flight syndrome": The most common feeling the boxer will experience leading up to a fight—it is the brain telling you to run away to survive or stay and fight. It would rather you don't face the fear because survival is its main aim and there is more chance of this if you don't hang around. Adrenalin is released into the blood stream, getting you ready for action (this makes you stronger). ~~You will sometimes feel sick and need to go to the toilet. You will get the shivers and sometimes stutter. Another name for this is FEAR.~~

"Eustress": A type of stress that has a positive effect. The boxer will actually seek stressful situations and thrive on the feelings associated with them—they will get "fight or flight" but boxers use it to their advantage.

thin
expand angry
targeted joyful *Joyful*

The History of the Hay(na)ku

Historia del hay(na)ku

Historia del hay(na)ku

En el 2000 empecé un "Diario contable" pensando que contar "sería otro mecanismo que me ayudaría a entender mis días". Tenía la intención de contar todo lo que pudiese contarse en mi vida diaria. Mantuve el diario sólo por cinco meses pues la obsesión subyacente duró sólo este tiempo.

Mi "Diario contable" estaba inspirado, como explicaba mi primera entrada del 20 de septiembre del 2000, por *No puedes enfermar de muerte: Memoria de una hija* de Ianthe Brautigan en el que se dice del personaje de Cameron en el celebrado *The Hawkline Monster* de Richard Brautigan: "Cameron era un contador. Vomitó 19 veces camino a San Francisco. Le gustaba contar todo".

Presenté fragmentos de mi "Diario contable" en mi primera bitácora electrónica de poética "WINEPOETICS" (http://winepoetics.blospot.com). En la última entrada relacionada con contar, escribí:

> *En lugar de pasar mis días teniéndote como testigo de cómo me rasco el ombligo en la parte donde los ojos de Brautigan me tintinean de vuelta, permíteme escribir una última entrada contable. Ésta presentará fragmentos basados en la página que se abra al dejarlo caer al suelo.*
>
> <u>*Tirar el diario: La página que abre corresponde al 18/12/00:*</u> *Bush obtuvo la mayoría de votos del colegio electoral—271 votos—convirtiéndose así en el presidente número 43 de los Estados Unidos de América. Se anunció que Hillary Clinton recibió la cantidad de 8 millones como anticipo para escribir una memoria sobre sus años en la Casa Blanca.*

The History of the Hay(na)ku

In 2000, I began a "Counting Journal" with the idea that counting would "be just another mechanism for me to understand my days." I intended to do so by counting everything countable within my daily life. That journal lasted for only five months because I could maintain its underlying obsession for only that long.

My Counting Journal was inspired, as this first entry explained on Sept. 20, 2000, by Ianthe Brautigan's *You Can't Catch Death—A Daughter's Memoir* which noted the character Cameron in her celebrated father Richard Brautigan's *The Hawkline Monster*: "Cameron was a counter. He vomited nineteen times to San Francisco. He liked to count everything."

I came to present excerpts from my Counting Journal on my first poetics blog, "WINEPOETICS" (http://winepoetics.blogspot.com). On my last counting-related blog entry, I wrote:

> *Rather than spend more days having you witness me gazing into that part of my navel where Brautigan's eyes are twinkling back, let me write a last Counting post. This one will feature snippets based on which page the journal opens to when I drop it on the floor.*
>
> <u>*Drop Journal: Page opens onto 12/18/00.*</u> *Bush secured Electoral College majority—271 votes—to become the U.S.' 43rd President. It was announced that Hillary Clinton received an $8.0 mio. advance for a memoir for her years in the White House. With Simon and Schuster. So much $ for gossip when one can't even find the more modest sum to publish a poetry book!*

Con la editorial Simon & Schuster. ¡Tanto dinero por chismes cuando uno no puede juntar la más modesta cantidad para publicar un libro de poesía!

Puf. Cerrar el diario. <u>Tirar el diario otra vez. La página corresponde al 28/1/01:</u> En el avión de regreso a San Francisco, leo Cartas Selectas *de Jack Kerouac. Página 46; Kerouac dice: "Pienso que los haikús americanos no deberían tener más de 3 palabras por línea; ejemplo:*

Árboles no toman
agua en
vaso

He encontrado el pensamiento de Kerouac tan inspirador que yo, por tanto, ¡inauguro el haiku filipino¡ Poetas filipinos, ¡atención! Los subiré en línea si me envían algunos: 3 líneas cada uno con una, dos, tres palabras en ese orden; ejemplo:

Árboles
no toman
agua en vaso

Recibí respuesta de suficientes poetas filipinos (o pinoy) a mi llamado y pude, dos días después, presentar a un público mayor la forma poética a la que llame "haiku pinoy". Fue presentada, acertadamente, el día de la independencia filipina o 12 de junio del 2003.

Los poetas filipinos respondieron con entusiasmo en parte porque, como la poeta filipina-americana Michelle Bautista señaló, la idea de uno, dos tres, "asemeja la rima de la canción de cuna filipina: isa, dalawa, tatlo, ang Tatay mo'y

Ugh. Close Journal. <u>Drop Journal Again. Page opens onto 1/28/01</u>: On plane returning to San Francisco, read Selected Letters of Jack Kerouac. *P. 46—Kerouac says, "I think American haikus should never have more than 3 words in a line—e.g.*

Trees can't reach
for a glass
of water

[I found Kerouac's thought sufficiently inspiring so that,] in response, I am inaugurating the Filipino Haiku! Pinoy Poets: Attention! I'll post if you send me some!: 3 lines each having one, two, three words in order—e.g.

Trees
can't reach
for a glass

Enough Filipino (or "Pinoy") poets responded to my blog-post so that I was able just two days later to introduce to the larger public a poetic form I called the "Pinoy Haiku." Aptly, it was introduced on Philippine Independence Day or June 12 of 2003.

Filipino poets responded with enthusiasm partly because, as Filipino-American poet Michelle Bautista pointed out, the idea of one-two-three "works with the Filipino nursery rhyme: *isa, dalawa, tatlo, ang tatay mo'y kalbo* (pronounce phonetically to catch the rhythm). The rhyme translates into English as "one two three, your dad is bald."

Here are two hay(na)ku by Oliver de la Paz (one of the poets on the book's front cover):

kalbo" (pronunciar fonéticamente para capturar el ritmo). La rima se traduce como "uno dos tres, tu padre es calvo".

Aquí dos de los hay(na)kus escritos por Oliver de la Paz (uno de los poetas en la portada del libro):

Keats
escribe sombríamente.
Pájaros trinan ocultos

*

Relojes
en muñecas
dejan marcas dentadas.

Es evidente en estos y otros poemas que el cambio asociado con el haiku puede también estar presente en la forma filipina con el tipo de paradoja encontrada en la *bagoong* filipina—una salsa de pescado acre que disfrutan los filipinos pero es, ejem, malentendida por los no filipinos. Así, la poeta filipina-americana Catalina Cariaga propone:

cebolla
comida ahora;
huele mi aliento

*****

La mayoría de los "haikus pinoys " provino de poetas cuyos nombres pertenecían a una lista de correos electrónicos de escritores filipinos o aquellos interesados en la literatura filipina y fue compilada por los poetas Nick

Keats
writes darkly.
Birds trill unseen

*

Watches
around wrists
make teeth marks.

In these and other works, what's evident is that the charge associated with the haiku also can be present in the Pinoy form with the type of paradox that one might find in the Filipino *bagoong*—a pungent fish sauce enjoyed by Filipinos but, ahem, misunderstood by non-Filipinos. Thus, did Filipino-American poet Catalina Cariaga also offer:

onion
just eaten;
smell my breath

*****

Most of the "Pinoy Haiku" came from writers who belonged to Flips, a listserve of Filipino writers or anyone interested in Filipino Literature that was co-founded by poets Nick Carbo and Vince Gotera. While they happily sent me what Vince called "Stairstep Tercets," my project also created a discussion on the implications of *Naming*—and how I was approaching it by using the phrase "Pinoy Haiku." Vince asked:

Appropriating the "haiku" name has all sorts of prosodic and postcolonial problems (by which I mean the WWII "colonizing" of the Philippines by Japan, among other things). Am I being overly

Carbo y Vince Gotera. Si bien éstos últimos gustosamente me enviaron lo que Vince llamó "tercetos escalonados", mi proyecto también generó una discusión en torno a las implicaciones al "nombrar" y de qué forma lo abordaba yo al utilizar la frase "haiku pinoy". Vince planteó lo siguiente:

> *La apropiación del término "haiku" conlleva todo tipo de problemas poscoloniales y prosódicos (y por esto me refiero a la "colonización" de Filipinas por Japón durante la Segunda Guerra Mundial, entre otras cosas"). ¿Estoy siendo demasiado riguroso? Cuando dices que Kerouac declara que el "haiku americano" no debía tener más de tres palabras por línea, pienso que debe haber sido como respuesta a la "oración americana" de Allen Ginsberg, que tiene 17 sílabas por línea. Supongo que mi inconveniente con llamarlo "haiku pinoy" es que los lectores podrían decir, " ¡Eh, los pinoys no pueden si quiera entender el haiku correctamente!" No tendrían siempre la cita de Kerouac como referencia. Además, ¿por qué debemos siempre hacer cosas como respuesta al término "americano"? Una forma de nombramiento poético paralelo que es interesante podría ser la forma "golpe bajo" de Baraka (opuesto diametralmente al golpe alto/haiku). ¿Quizá la versión pinoy podría ser hay(na)ku?*

"Hay naku" es una expresión filipina común que pertenece a una variedad de contextos; como la interjección "oh".

Otro poeta me sugirió renombrar el proyecto porque la forma tradicional del haiku debía ser respetada. Y sí,

serious here? When you say Kerouac refers to "American haiku" not having more than three words per line, I think he might have been reacting to Allen Ginsberg's "American sentence" which has 17 syllables per line. I guess my concern about calling it a "Pinoy haiku" is that readers could say, "Hey, Pinoys can't even get the haiku right!" They won't always have the Kerouac quote to guide them. Besides, why must we always be doing things in reaction to the term "American"? An interesting parallel poetic-form-naming might be Baraka's "low coup" form (the diametrical opposite of "high coup" / haiku). Maybe the Pinoy version could be the "hay (na)ku"?

"Hay naku" is a common Filipino expression covering a variety of contexts—like the English word "Oh."

Another poet suggested that I also rename the project because the traditional haiku form should be respected. Well, yes and no. As I told that poet—I think that, in Poetry, rules are sometimes made to be broken.

Also, I initially wasn't moved by Vince's notion as regards Japan "colonizing" the Philippines during WWII. If anything, I thought that were I to consider that line of thinking (which I hadn't been), I didn't mind subverting the Japanese haiku form specifically because I thought of it as *talking back* against Japanese imperialism. But, on closer consideration, I realized that the perspective could work both ways...and that using the "haiku" reference also could imply a continuation of "colonial mentality."

Ultimately, I bowed to Vince's wisdom and renamed the form "hay(na)ku." I also present him in this book as a Guest Poet because he's been among those

pero no. Como contesté a ese poeta, pienso que las reglas de la poesía están hechas en ocasiones para romperse.

Asimismo, no me convencía inicialmente la noción de Vince sobre la colonización de Filipinas por Japón en la Segunda Guerra Mundial. Si acaso, pensé que si tomaba en cuenta por dónde iba esa línea de pensamiento (y no lo estaba yo haciendo), no me importaría subvertir la forma japonesa pues era precisamente una forma de "responder" al imperialismo japonés. Luego de reflexionar, me di cuenta que la perspectiva podía funcionar de las dos formas…y que al usar "haiku" como referencia implicaba la continuidad de la "mentalidad colonial".

Al final me incliné por la sabiduría de Vince y renombré la forma "hay(na)ku". También lo presento en este libro como poeta invitado pues se encuentra entre aquellos poetas que han escrito soberbiamente en esta forma.

*****

A partir del surgimiento del hay(na)ku, hubo un concurso, con Barbara Jane Reyes como juez, que fue muy popular entre aquellos con bitácoras electrónicas. La forma del hay(na)ku fue enseñada por Junichi P. Semitsu, quien era director del proyecto "June Jordan's Poetry for the People" del departamento de Estudios Africano-Americanos de la Universidad de Berkeley. El hay(na)ku se ha difundido hasta la poesía visual y el arte visual. Muchos poetas y artistas alrededor del mundo—filipinos y no filipinos—han adoptado la forma como la concebí originalmente y han ofrecido variaciones. Hasta el 2016, el hay(na)ku ha aparecido en diversas revistas literarias y en casi 70 libros de autores independientes; incluyendo 12 libros dedicados sólo a la forma del hay(na)ku y un

who've written superbly in this form.

*****

Since the birth of hay(na)ku, there has been a hay(na)ku contest judged by Barbara Jane Reyes which was quite popular in the internet's poetry blogland; the hay(na)ku form was taught by Junichi P. Semitsu, then Director of "June Jordan's Poetry for the People" program at the African American Studies Department at U.C. Berkeley; the hay(na)ku has spread to the visual poetry and visual art worlds; and many poets and visual artists around the world—non-Filipino as well as Filipino—have picked up on the form to write it as I originally conceived as well as to offer variations. As of 2016, the hay(na)ku has appeared in numerous literary journals and nearly 70 single-author poetry collections including 12 dedicated only to the hay(na)ku form as well as an all-Finnish hay(na)ku book. The form also has generated three different anthologies edited by six different editors. (More information is available at https://eileenrtabios.com/haynaku/)

Among the variants of the hay(na)ku are:

—"reverse hay(na)ku" where the word count for the tercet is 3, 2, 1 instead of 1, 2, 3

—"chained hay(na)ku sequence" where the poem is comprised of more than one tercet

—"haybun" where the poem contains both a tercet and prose

libro en finlandés en su totalidad. La forma del hay(na)ku también ha dado origen a tres antologías editadas por seis editores. (Más información puede encontrarse en http://eileenrtabios.com/haynaku/)

Entre las variaciones del hay(na)ku se encuentran:

—"hay(na)ku reverso" en el que la secuencia del terceto es 3, 2, 1 en lugar de 1, 2, 3;

—"secuencia de hay(na)kus encadenados" en la que el poema contiene más de un terceto;

—"haybun" en el que el poema contiene tanto tercetos como prosa;

—"hay(na)ku cola de pato" en el que un terceto o una secuencia de tercetos se finaliza con una estrofa de una sola línea y es tan larga como lo deseé el poeta;

—"hay(na)ku derretido," en el que el poema empieza con el terceto tradicional antes del resto de las estrofas que se "derriten" en prosa poética, oraciones y fragmentos;

—"Hay(na)ku Maya," creado por Maya Fink de 11 años de edad, en el que la primera línea tiene una palabra de una letra, la segunda dos palabras de dos letras y la tercera tres palabras de tres letras;

—"hay(na)ku en movimiento," propuesto por Kari Kokko, en el que a través de HTML las líneas se mueven en la pantalla;

—"hay(na)ku gusano," propuesto por Ivy Alvarez, que se describe como aquel que "utiliza letras sin sombreros" (b,

—"ducktail hay(na)ku" where a tercet or sequence of tercets is/are ended with a last stanza being a single line that can be as long as desired by the poet (the inspiration is a haircut where hair is trimmed short except for a long strand dangling from the middle of the back of the head)

—"melting hay(na)ku" where the poem begins with the traditional tercet form before the stanzas "melt" into prose poetry paragraphs, sentences or fragments

—"The Mayan Hay(na)ku" created by then 11-year-old Maya Fink whereby the first line has a word comprised of one letter, the second line two words each comprised of two letters, the third line three words each comprised of three letters, and so on for as long as the poet cares to take it

—the internet's "moving hay(na)ku" proposed by Kari Kokko whereby, through the wonders of HTML, the lines move across the screen

—"abecedarian hay(na)ku" proposed by Scott Glassman where each word begins with each succeeding letter in the English alphabet

—"worm hay(na)ku" proposed by Ivy Alvarez who describes it as "using letters that don't have tops" (b, d, f, h, i, j, k, l, t) or tails (g, j, p, q, y)

—Tagalog slang hay(na)ku offered by Marlon Unas Esguerra

—"hay(na)ku with shadorma ending" created by Bastet of the blog *MindLoveMisery's Menagerie* (a shadorma is a Spanish poetic form)

—"hay(na)ku sentence" proposed by Jean Vengua who

d, f, h, i, j, k, l, t) o colas (g, j, p, q, y);

—hay(na)ku de slang en tagalog propuesto por Marlon Unas Guerra;

—"hay(na)ku con final de *shadorma*," propuesto por Bastet, autor de la bitácora MindLoveMisery's Menagerie (shadorma es una forma poética española);

—"oración hay(na)ku," propuesto por Jean Vengua, quien refiere: "Una oración basada en el hay(na)ku es breve; casi pasa por tener un dejo de 'final' mas no pierde impacto... He aquí uno: *Elecciones primarias terminaron; cuervos en llamas*";

—colaboraciones entre poetas y artistas visuales (y que dieron origen a una antología dedicada a estas colaboraciones de tres o más poetas, *The Chained Hay(na)ku*, 2012);

—formas del hay(na)ku visuales o esculturales, de poesía visual a collages, pinturas (de Thomas Fink, por ejemplo) y hasta una instalación de toallas de Sandy y Barbara McIntosh.

*****

Como puede observarse en la historia del hay(na)ku, ha logrado convertirse en una forma poética basada en la comunidad; lo cual se acopla con lo que pienso sobre el poema como un espacio para el compromiso. Algunos de mis proyectos poéticos favoritos son aquellos a través de los cuales contribuí a formar una comunidad; no sólo a través de contenido poético sino también de forma poética. Pienso así pues siento que un poema no madura

notes, "A sentence based on hay(na)ku is brief; it would slip by with perhaps less of a sense of 'finish,' yet it has a certain impact... Here's one: *Primaries are over; the crows alight*."

—"Hay(na)ku Sonnet" by Vince Gotera, a form created through four hay(na)ku tercets plus an ending couplet with three words per line. The closing couplet is actually a hay(na)ku where the one-word line and the two-word line have been concatenated in order to end up with 14 lines

—collaborations between poets and visual artists (which generated an anthology dedicated to such collaborations of three or more poets/artists, *THE CHAINED HAY(NA)KU* (2012)

—and visual or sculptural forms of the hay(na)ku, from visual poetry to collages to paintings (e.g. Thomas Fink) to even a kitchen towel installation by Sandy and Barbara McIntosh.

*****

As one can see by the history of the hay(na)ku, it has succeeded in becoming a community-based poetic form; this fits my own thoughts on the poem as a space for engagement. Some favorite poetic projects are those where I helped create a community—through
not just poetic content but also poetic form. I feel this way because I think a poem doesn't fully mature without a particular community called reader(s). Poetry is (inherently) social.

After the initial response by Filipino poets to the hay(na)ku, many—if not most—hay(na)ku have been written by non-Filipinos. This is certainly a fine result since

completamente sin una comunidad de lectores. La poesía es (inherentemente) social.

Luego de la respuesta inicial por los poetas filipinos ante el hay(na)ku, muchos, si no la mayoría, de los hay(na)kus han sido escritos por no filipinos. Lo anterior ha dado un buen resultado pues la poesía no está (o debía estar) basada en etnias en particular. Por otro lado, también me alegra que aquellos que no son filipinos hayan adoptado la forma pues considero al hay(na)ku tanto filipino como poético diásporico. Concuerdo con el poeta y novelista filipino, Eric Gamalinda, cuando dice: "La historia de Filipinas es la historia del mundo".

—Eileen R. Tabios

Poetry is not (or need not be) ethnic-specific. But I'm also glad that non-Filipinos have taken up this form because I consider the hay(na)ku to be both a Filipino as well as Diasporic Poetic. I agree with Filipino poet and novelist Eric Gamalinda when he observes, "The history of the Philippines is the history of the world."

—Eileen R. Tabios

Guest Poet Vince Gotera

El poeta invitado Vince Gotera

El poeta invitado Vince Gotera presenta un hay(na)ku

*—para los alumnos del curso Griffin de literatura de sexto
grado y su maestra Miss Filas*

Bravura azul

poemas
como gemas
en mi bolso

brillan
y destellan
en la oscuridad

siempre
brillando con
su luz azul

diciendo
oye, tú,
presta mucha atención

azulejos
arándanos cielo
azul azul azul

joyas
egipcias azules
zafiro tanzanita turquesa

azul
lapis…lázuli
azurita aguamarina topacio

Guest Poet Vince Gotera Presents A Hay(na)ku

—for the Griffin Lit sixth graders and their teacher Ms. Filas

Blue Bravura

poems
like gems
in my pocket

gleam
and glisten
in the dark

glowing
always with
their blue light

saying
hey you
pay close attention

bluebirds
blueberries sky
blue blue blue

blue
egyptian jewels
sapphire tanzanite turquoise

blue
lapis lazuli
azurite aquamarine topaz

azul
jade dragón
respirando flamas cornalinas

azul
espadas aceradas
kampilanes empuñadura cocodrilos

azul
rocanrol flameante
guitarra bajo timbales

azul
profecías baladas
en ti, mí

nuestros
bolsos azules
brillantes palabras deslumbrantes

blue
jade dragon
breathing carnelian flames

blue
steel swords
crocodile handled kampilan

blues
blazing rock
guitar bass timbales

blue
prophecies ballads
in yours mine

our
blue pockets
brilliant breathtaking words

Various Poets on the Hay(na)ku

Varios poetas sobre el hay(na)ku

Varios poetas sobre el hay(na)ku

Encuentro que la restricción de palabras de la forma del hay(na)ku (contraria a la restricción de las sílabas o del pie métrico) da origen a poemas que son en muchas formas más naturales y que la estructura 1-2-3 es un patrón que surge continuamente en lo cotidiano. La poesía vive y respira en lo cotidiano, y el hay(na)ku captura piezas profundas y encantadoras que se perderían de otra forma.
—**Dan Waber**

La naturaleza diáspórica del hay(na)ku me atrajo desde el principio pues me permitía expresarme en inglés sin tener que ser un hablante nativo... Siento que el hay(na)ku es una forma que otorga un espacio común para la práctica poética en diferentes lenguajes; una forma de escribir en inglés sin obliterar del todo la "lengua madre". A diferencia de la conquista y el influjo que ha definido al inglés en relación con otras lenguas "menos poderosas", el hay(na)ku es abierto y flexible, una invitación a compartir diferentes formas de pensamiento y escritura.
—**Ernesto Priego**

Por qué amar el hay(na)ku: Por el zipi y zape de la forma... la flama y la chispa que tiene. Como golpear con una toalla a alguien que amas.
—**Aimee Nezhukumatathil**

Ver el surgimiento y la evolución de una nueva forma poética es fascinante. Y, a diferencia del *flarf*, que es un proceso, el hay(na)ku es una forma. ¿Pero qué forma es? ¿Poema o estrofa? Nuevamente, pienso que la respuesta yace en el cuarteto, que es más estrofa que trabajo terminado. Esto, básicamente, es lo que pienso de esta primera generación de escritores de hay(na)ku que han creado, no un poema sino una estrofa simple, flexible,

Various Poets on the Hay(na)ku

I find the word-based formal constraint of hay(na)ku (as opposed to a syllable or metrical foot based constraint) leads to poems that are in many ways more natural, and that, in particular, the 1-2-3 structure is a pattern that comes up continually in the course of the daily. Poetry lives and breathes in the daily, and hay(na)ku has the ability to capture profound and delightful pieces that might otherwise be missed.
—**Dan Waber**

The diasporic nature of the hay(na)ku attracted me from the very beginning because it allowed me to express myself in English without being a native speaker.... I feel the hay(na)ku is a form that grants a common space for poetic practice in different languages; a way of writing in English without completely obliterating one's "mother tongue." Instead of the conquest and influx that has defined English in relation to other "less powerful" languages, the hay(na)ku is open and flexible, an invitation to share different ways of thought and writing.
—**Ernesto Priego**

Why I love the hay(na)ku: Because of the zip & pop of it ... the flame & spark of it. Like snapping a towel at someone you love.
—**Aimee Nezhukumatathil**

Watching the birth & evolution of a new form is fascinating. And, unlike flarf, which is a process, hay(na)ku is a form. But what kind of form is it? Poem or stanza? Again, I think the answer lies in looking at the quatrain, which is more stanza than finished work. That, ultimately, is what I think this first generation of hay(na)ku writers have created—not a poem, but a stanza, simple, supple,

elegante, abierta a grandes variaciones. Esto es todo un logro.
—**Ron Silliman**

El hay(na)ku divierte al ser leído y al ser escrito. Me gusta comenzar con una palabra. Todo se enfoca casi inmediatamente. Es una condensación increíble que se siente aún más natural en inglés (o tagalog o francés) que si fuese una imitación del modelo japonés, si me explico. Es difícil escribir haikus sin campanas de viento y cambios estacionales. La tradición está demasiado influida por estas características. Es bueno tener una nueva forma que logra los mismos objetivos pero es más directa y requiere más destreza.
—**John Olson**

…una forma elegantemente minimalista (un poco como la punta de la bola de nieve oulipiana).
—**Michael Leong**

…una forma de revelar…una forma "pensante"; pensamiento emocional e intelectual. Al permitir vasto espacio en la página deja todo flojo y apretado. El hay(na)ku crea o empuja ciertas estructuras sintácticas a través de su arbitrariedad. Las formas no son juegos, o sólo juegos; son formas de prestar atención.
—**Jill Jones**

elegant, capable of considerable variation. That's quite an accomplishment.
—**Ron Silliman**

The hay(na)ku is fun to read and fun to write. I like beginning with one word. It puts everything into focus almost immediately. It's an extreme condensation that feels more natural in English (or Tagalog or French) than as an imitation of the Japanese model, if that makes sense. It's hard to write haiku without wind chimes and seasonal changes. The tradition is so infused with those things. It's nice having a new form that accomplishes the same goals but with more directness, more dexterity.
—**John Olson**

…an elegantly minimalist form (a bit like the tip of an Oulipian "snowball")
—**Michael Leong**

…a way of revealing…a "thinking" form—emotional as well as intellectual thinking. By allowing a lot of space on the page it keeps things tight and loose. Hay(na)ku creates or pushes certain syntactical structures, potentially disruptive through its arbitrariness. Forms aren't games, or just games—they are ways of paying attention.
—**Jill Jones**

About the Author

Eileen R. Tabios loves books and has released over 50 collections of poetry, fiction, essays, and experimental biographies from publishers in nine countries and cyberspace. Her 2018 poetry collections include *HIRAETH: Tercets From the Last Archipelago*; *MURDER DEATH RESURRECTION: A Poetry Generator*; and the bilingual edition (English/Spanish) of *One, Two, Three: Selected Hay(na)ku Poems*. She is the inventor of the poetry form "hay(na)ku" whose 15-year anniversary in 2018 was celebrated with exhibitions and readings at the San Francisco Public Library and Saint Helena Public Library. Translated into eight languages, she also has edited, co-edited or conceptualized 14 anthologies of poetry, fiction and essays as well as served as editor or guest editor for various literary journals. Her writing and editing works have received recognition through awards, grants and residencies. More information is available at http://eileenrtabios.com

Acerca de la autora

Eileen R. Tabios ama los libros y ha publicado más de 50 colecciones de poesía, ficción, ensayos y biografías experimentales con editoriales en nueve países y en línea. Sus colecciones de poesía para el 2018 incluyen: *HIRAETH: Tercetos desde el último archipiélago; ASESINATO MUERTE RESURRECCIÓN: Generador de poesía*; y la edición bilingüe (inglés/español) de *Uno, dos, tres: Selección de hay(na)kus*. Inventó la forma poética "hay(na)ku" cuyo decimoquinto aniversario en 2018 fue celebrado con lecturas y exhibiciones en la Biblioteca Pública de San Francisco y la Biblioteca Pública de Santa Elena. Ha sido traducida en ocho idiomas y ha editado, coeditado y conceptualizado 14 antologías de poesía, ficción y ensayos; asimismo, ha sido editora y editora invitado de diversas revistas literarias. Su trabajo de escritura y edición ha sido reconocido con premios, becas y residencias. Puede encontrarse más información en: http://eileenrtabios.com

About the translator

Rebeka Lembo has an undergraduate degree in English Literature and a Masters in Comparative Literature from UNAM. She kept the multilingual blog *Ecce Mulier* (http://eccemulier.blogspot.com) from 2004 to 2012. Her translations have been published in *The Boy Bedlam Review*, *Poemeleon*, *Revista Fractal*, *The Light Sang As It Left Your Eyes*, etc. Her poetry has been published in *Otoliths* and *The Second Hay(na)ku Anthology* (Meritage Press and xPress(ed)). She currently lives in San Jose, California.

Acerca de la traductora

Rebeka Lembo estudió la carrera de Letras Inglesas y la maestría en Literatura Comparada en la Facultad de Filosofía y Letras de la UNAM. Mantuvo una bitácora literaria multilingüe *Ecce Mulier* (http://eccemulier.blogspot.com) del 2004 al 2012. Sus traducciones han sido publicadas en *The Boy Bedlam Review*, *Poemeleon*, *Revista Fractal*, *The Light Sang As It Left Your Eyes* y sus poemas se han publicado en *Otoliths* y *The Second Hay(na)ku Anthology* (Meritage Press y xPress(ed)). Actualmente reside en San Jose, California.

About Paloma Press
www.palomapress.net

Established in 2016, PALOMA PRESS is an independent literary press based in the San Francisco Bay Area, publishing poetry, prose, and limited edition books. Titles include *BLUE* by Wesley St. Jo & Remé Grefalda, and *MANHATTAN: An Archaeology* by Eileen R. Tabios. Other releases include the fundraising chapbooks *MARAWI* and *AFTER IRMA AFTER HARVEY*. As part of the 2017 Litquake Festival in San Francisco, we proudly curated the literary reading, "THREE SHEETS TO THE WIND."

This year, Paloma Press joins the literary world in celebrating the 15th Anniversary of the **Hay(na)ku** poetic form!

www.ingramcontent.com/pod-product-compliance
Lightning Source LLC
Chambersburg PA
CBHW032131090426
42743CB00007B/565